인조는 후금을 얕보며 명나라 편을 들었어요.
여진족의 나라 **후금은 점점 힘을 키워 조선으로 쳐들어왔지요.**
또다시 전쟁을 맞은 조선은 어떻게 될까요?

감수 신형식

서울대학교 역사교육과 및 동 대학원 역사교육과를 졸업하고 단국대학교 대학원에서 문학 박사 학위를 받았습니다. 20년 이상 이화여자대학교 사학과 교수로 재직하며 연구 활동에 힘써 왔습니다.
현재 서울시 시사편찬위원회 위원장을 맡고 있으며, 2009년 서울시 초대 '역사자문관'으로 임명되었습니다.
쓴 책으로는 〈삼국사기 연구〉, 〈한국 고대사의 신연구〉, 〈신라사〉, 〈통일 신라사 연구〉, 〈백제사〉, 〈남북한 역사관의 비교〉, 〈한국의 고대사〉, 〈한국 사학사〉, 〈고구려 산성과 해양 방어 체제 연구〉 등이 있습니다.

글쓴이 박영규

1996년 밀리언셀러 〈한권으로 읽는 조선왕조실록〉을 출간한 이후 〈한권으로 읽는 고려왕조실록〉, 〈한권으로 읽는 백제왕조실록〉, 〈한권으로 읽는 신라왕조실록〉 등 '한권으로 읽는 역사 시리즈'를 펴내면서 쉽고 재미있는 역사책 읽기의 바람을 일으켰습니다.
그 외에도 〈교양으로 읽는 한국사〉 등의 많은 역사책을 썼습니다.

그린이 장광수

세종대학교 동양화과를 졸업하였으며, 천재 교육, 동아 서적 미술과에서 근무하였습니다.
그린 책으로는 〈삼신 할머니〉, 〈은혜 갚은 꿩〉 등이 있습니다.

35 조선 제16대 인조3 | 청나라에 무릎을 꿇다

총기획 및 발행인 박연환
발 행 처 통큰세상
출판등록 제25100-2010-11호
연구개발원 경기도 성남시 분당구 금곡동 444-148
대표전화 (031)715-7722
팩 스 (031)786-1100
본 사 서울시 강동구 길동 92 신동아아파트 제101동 제상가 제1층 101호
대표전화 (02)470-7722
팩 스 (02)470-8338
고객문의 080-715-7722
편 집 임미옥, 백영민, 지수진, 최영란
디 자 인 장월영, 김덕준, 정미은, 김지은

ⓒ 통큰세상

이 책의 저작권은 **통큰세상**에 있습니다. 본사의 동의나 허락 없이는 어떠한 방법으로도 내용이나 그림을 사용할 수 없습니다.

△ 주의 : 본 교재를 던지거나 떨어뜨리면 다칠 우려가 있으니 주의하십시오.
　　　　　고온 다습한 장소나 직사광선이 닿는 장소에는 보관을 피해 주십시오.

짝! 짝! 짝!
대한민국 혁신경영 도서부문 대상을 받았어요.

〈역사똑똑 조선 왕조·근현대사〉는 헤럴드경제 신문이 국내 최고의 도서 제품을 선정하여 주는 **대한민국 혁신경영 도서부문 대상**을 수상하였습니다.

35+ 조선 제16대 인조3

청나라에 무릎을 꿇다

감수 **신형식** | 글쓴이 **박영규** | 그린이 **장광수**

톡큰세상

조선은 후금을 얕잡아 보고 명나라 편을 들었어요.
이에 후금의 태종이 버럭 소리쳤어요.
"우리와 친한 광해군을 쫓아내더니,
이제는 명나라에 군사까지 보내 주고 있다.
조선을 혼내 줘야겠다."
때마침 조선이 이괄의 난으로 어수선하자,
후금은 장수 아민을 앞세워 조선에 쳐들어왔어요.
1627년에 일어난 이 전쟁을 '정묘호란'이라고 해요.

> **역사똑똑 알림장** 이괄의 난은 1624년(인조 2)에 이괄이 일으킨 반란이에요. 이괄은 인조반정 때 공을 세웠으나 이등 공신이 된 것에 불만을 품고 난을 일으켰어요.

두두두두~

조선 관군이 아민의 군대에게 져서 밀려나자,
인조는 신하들을 불러 물었어요.
"오랑캐를 어떻게 하면 막을 수 있겠소?"
"장만 장군을 보내는 것이 좋겠습니다."
장만은 이괄의 난을 막아 낸 사람이었지요.

후금군은 이미 황해도 황주까지 내려왔어요.
장만은 개성에 방어진*을 치고 맞섰지요.
그러는 동안 나라 곳곳에서는 의병이 일어나
후금군의 뒤를 공격하기 시작했어요.
아민은 의병들과 싸우면서 이렇게 말했어요.
"조선 군인들은 허수아비이지만,
백성들은 참으로 용감하구나!"

※ **방어진** : 적의 공격을 막기 위해 펼쳐 놓은 군대의 무리

의병들이 계속 공격해 오자
아민은 강홍립을 사신으로 보내왔어요.
그는 광해군 때 여진족에게 항복한 장수였지요.
"조선이 명나라 편을 들지 않는다면 우린 물러날 것이오.
대신 왕자를 볼모로 보내야 하오."
결국 조선은 후금과 형제의 관계를 맺고,
명나라를 돕지 않겠다고 약속했어요.
다만 왕자는 너무 어려서 보낼 수 없다고 했지요.

강홍립은 조선을 매우 딱하게 여겼어요.
"진작 명나라와 거리를 두었으면 전쟁도 없었을 것을……."
아민의 군대는 명과 후금의 전쟁에 끼어들지 않겠다는
조선의 약속을 받고 물러났어요.
하지만 아민의 속셈은 따로 있었지요.
'아직은 때가 아니어서 그냥 가는 거야.
명나라를 무너뜨린 뒤에 보자!'

나중에 또 무슨 요구를 해 올지 모르니 마음이 편치 않군.

얼마 뒤 후금은 약속을 깨고 다른 요구를 해 왔어요.
"명나라와 전쟁 중이니 식량과 군사를 보내 주시오."
그러자 조선 조정에서는 차라리 후금을 공격하자는
주장이 나왔지만 그럴 힘이 없었지요.
1636년에 후금은 조선을 더 강하게 몰아붙였어요.
"이제 조선은 후금의 형제가 아니라 신하요.
신하의 나라로서 금과 말을 바치시오!
또한 군사 3만 명을 보내시오."

역시 오랑캐 놈들은 믿을 놈들이 못 돼.

이쯤 되자 조선도 더 이상 참을 수가 없었지요.
"저들이 먼저 형제의 나라란 약속을 깬 것이니
차라리 먼저 공격합시다."
이 말을 전해 들은 청 태종은 매우 화를 냈지요.
그해 4월, 후금은 나라 이름을 청으로
바꾼 뒤 조선에 이렇게 알려 왔어요.
"왕자를 볼모로 보내지 않으면 쳐들어갈 것이다."
그러나 인조는 무시해 버렸지요.

조선인들이 우리 후금을 치자고 떠들고 있습니다.

그러자 청 태종이 12만 군사를 이끌고 공격해 왔어요.
"조선 왕을 사로잡아 무릎 꿇릴 것이다!"
이 전쟁이 조선을 부끄럽게 만든 '병자호란'이에요.
인조는 강화도로 몸을 피하기로 했어요.
"놈들은 수군이 없으니 강화도까지는 쫓아오지 못할 것이다."
세자빈과 왕손들이 먼저 강화도로 떠났어요.

인조가 세자와 함께 떠나려고 할 때였어요.
"폐하, 놈들이 한양 가까이 왔다고 합니다."
강화도로 가는 길이 막혀 버린 거예요.
그래서 남한산성으로 가려는데 김류가 말렸어요.
"남한산성은 갇히면 빠져나올 수 없는 곳입니다.
어떻게든 강화도로 가셔야 합니다."
그러나 갑자기 눈이 많이 내려서
말이 움직일 수 없었어요.

폐하, 눈 때문에 말이 움직일 수 없사옵니다.

인조는 하는 수 없이 남한산성으로 갔어요.
1만 3,000여 명의 군사가 성을 지켰지요.
그 소식을 들은 청 태종은 코웃음을 쳤어요.
"조선 왕은 독 안에 든 쥐로구나."
그는 20만 명의 군대를 더 데려와
남한산성을 에워쌌어요.

역사똑똑 알림장 '독 안에 든 쥐'란 매우 어려운 상황에서 벗어날 수 없는 처지를 비유적으로 이르는 말이에요.

남한산성에 머물던 대신들이 회의를 했어요.
먼저 최명길이 입을 열었어요.
"곧 식량이 떨어질 것이니 화친*을 맺어
위험한 상황은 피해야 하오."
하지만 김상헌이 반대했어요.
"오랑캐에게 항복할 수는 없소! 끝까지 싸웁시다.
항복할 바엔 차라리 목숨을 끊겠소."

※ **화친** : 나라와 나라 사이에 다툼 없이 가까이 지냄

화친을 맺어
위기를 넘기는 수밖에
없지 않겠소.

이때, 좋지 않은 소식이 전해졌어요.
"폐하, 강화도가 적에게 넘어갔다고 합니다."

이젠 명나라 도움도 받을 수 없고 어쩌면 좋단 말인가.

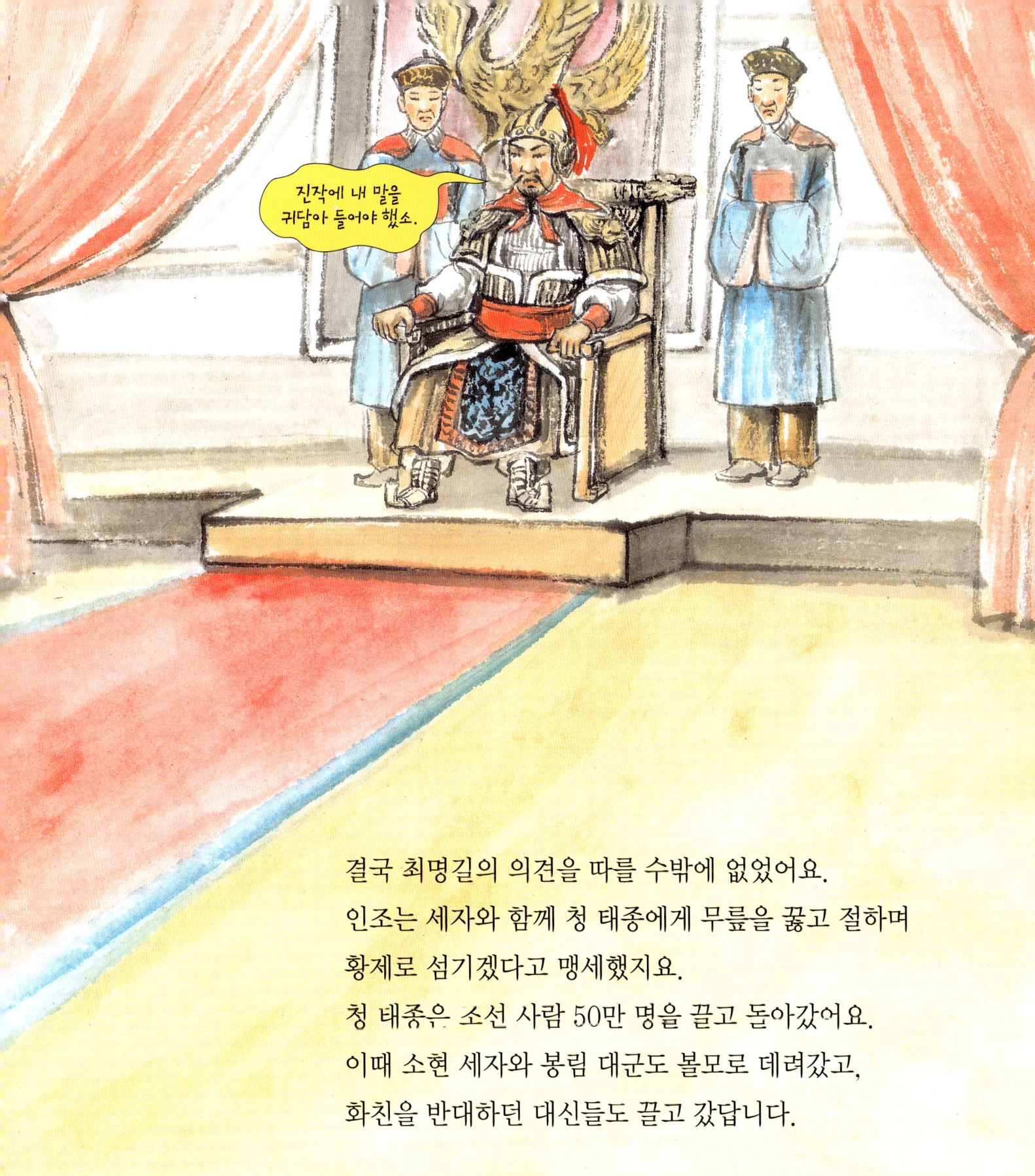

결국 최명길의 의견을 따를 수밖에 없었어요.
인조는 세자와 함께 청 태종에게 무릎을 꿇고 절하며
황제로 섬기겠다고 맹세했지요.
청 태종은 조선 사람 50만 명을 끌고 돌아갔어요.
이때 소현 세자와 봉림 대군도 볼모로 데려갔고,
화친을 반대하던 대신들도 끌고 갔답니다.

인조는 청나라에 대하여 분한 마음만 키우고
있었지만 볼모로 간 소현 세자는 서구 문물을
익히며 외교 능력을 키웠어요.
볼모 생활을 마치고 돌아올 때도
서양의 많은 책과 지구의*를 가져왔지요.
그런데 인조는 크게 화를 내며 모두 불태워 버렸어요.
그 뒤로 소현 세자는 시름시름 앓다가 죽었고,
4년 뒤인 1649년에는 인조도 세상을 떠났답니다.

※ **지구의** : 지구를 본떠 만든 모형

재미 쏙쏙 숨은 이야기

옛날에는 나라의 긴급 상황을 어떻게 알렸을까요?

전화도, 컴퓨터도 없던 옛날에는 사람이 직접 가서 소식을 전했어요. 그런데 전쟁과 같이 나라에 위급한 일이 생기면 큰일이었지요. 사람이 전하기에는 시간이 너무 많이 걸렸으니까요. 그럴 때는 '파발'과 '봉화'를 이용했어요.

파발은 일정한 거리를 두고 설치된 곳에서 말을 갈아타고 가면서 전하는 방법이에요. 말이 지치면 속도가 떨어지니까 새로운 말로 갈아타는 것이지요.

그보다 더 빠른 것은 봉화였어요. 높은 산에 봉화대를 설치하고 낮에는 연기로, 밤에는 불빛으로 알리는 방법이에요. 평상시에는 횃불 하나, 적이 오면 횃불 둘, 적이 국경에 가까이 오면 횃불 셋, 적이 국경을 넘어오면 횃불 넷, 싸움이 시작되면 횃불 다섯을 올렸어요. 비록 말을 전할 수는 없었지만 나라의 중요한 일이나 위급한 일을 빨리 알릴 수 있어 매우 효과적이었지요.

각 지방의 봉홧불은 서울 남산 봉화대에 모였어요. 그러면 도성에서는 남산의 봉화대를 보고 나라가 위험에 빠졌는지 평화로운지 알 수 있었어요. 그런데 비가 오거나 바람이 불면 봉화를 올릴 수 없었지요. 이 때는 어쩔 수 없이 사람이 직접 가서 전했답니다.

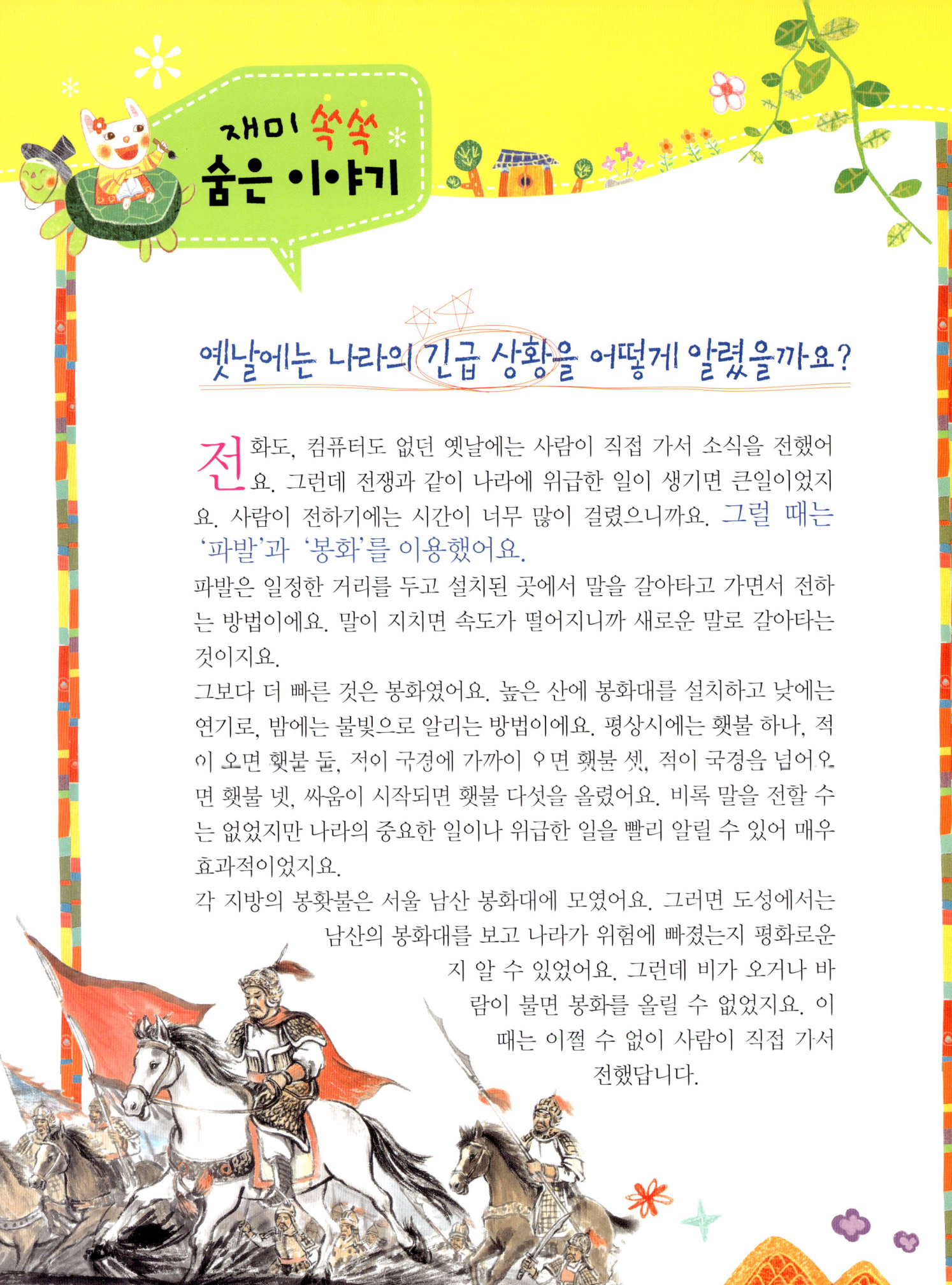